- En cadeau -

LA VERSION AUDIO DU LI

COMMENT ÇA MARCHE ?

1

Téléchargez l'app
Quelle Histoire

2

Déverrouillez
votre livre

3

Écoutez
votre histoire

Disponible sur App Store | DISPONIBLE SUR Google Play

Application compatible toutes tablettes et smartphones
à partir de iOS 8 et Android 4.4.

Quelle Histoire

Édition et conception : Unique Heritage Editions SAS. 141, boulevard Ney 75018 Paris
Illustrations : Bruno Wennagel, Mathieu Ferret, Mathilde Tuffin
Textes : Dominique de Coster, Mona Dolets
Édition : Leslie-Fleur Picardat, Lara Gastellier
Direction artistique : Kagna Toung
Maquette : Marie Colas

Siège social : 141, boulevard Ney 75018 Paris

www.quellehistoire.com

Fabriqué par Labelfab / Imprimé en France par Stin Imprimerie - Toulouse

Dépôt légal mars 2022

Loi n°49-956 du 16 juillet 1949 sur les publications destinées à la jeunesse

PEFC 10-31-2841

FABRIQUÉ EN FRANCE

Roméo et Juliette

D'APRÈS L'ŒUVRE DE **WILLIAM SHAKESPEARE**

Dans ce livre, tu vas découvrir *Roméo et Juliette* de William Shakespeare, une œuvre majeure de la littérature ! Ici, nous allons t'offrir un résumé de l'histoire, pour que tu puisses connaître l'intrigue, les personnages emblématiques, l'univers imaginé par l'auteur... Nous espérons que cela te donnera envie de lire le texte original !

Des familles ennemies

À Vérone, en Italie, deux familles se détestent depuis toujours : les Montague et les Capulet. À chaque fois qu'elles se croisent, les vieilles rancœurs se réveillent, les menaces et les injures fusent et tout cela se termine en affrontement à l'épée ! Les habitants de Vérone en ont assez de ce chaos... Un jour, le prince de la ville, Escalus, les prévient : « Vous semez la terreur sur la ville. Cessez immédiatement ces querelles ou vous serez sévèrement punis ! » Peut-être que s'il avait été écouté, le drame qui va frapper Roméo et Juliette n'aurait jamais eu lieu. Voici leur histoire...

Le mariage secret

Roméo court chez le Frère Laurence, son ami moine qui donne toujours de bons conseils, et lui raconte sa romance avec Juliette. « Accepteriez-vous de nous unir en secret ? » implore-t-il. Le Frère Laurence hésite, mais finit par accepter, car il espère que ce mariage permettra aux familles ennemies de se réconcilier enfin ! Roméo envoie un message à la nourrice de sa fiancée, complice de leur union, pour leur faire savoir que le moine est de leur côté. Juliette accourt alors, heureuse d'épouser l'homme qu'elle aime. Les noces sont aussitôt célébrées, sous les yeux de leurs témoins, émus devant cet amour si pur.

Roméo et Juliette

Les parents de Roméo Montague sont inquiets, car, depuis quelque temps, leur fils a un comportement étrange. Il n'arrête pas de soupirer et s'enferme toute la journée dans sa chambre. Il finit par confier à son cousin Benvolio qu'il est amoureux de Rosaline, mais celle-ci a juré de ne jamais aimer personne, ce qui le désespère. Les parents Capulet, eux, se demandent s'ils doivent marier leur fille Juliette avec le comte Pâris, c'est un bon parti mais leur fille est encore très jeune. Le père Capulet a alors une idée, il va organiser un bal et verra si Pâris est capable de conquérir le cœur de Juliette en lui faisant la cour.

Le bal

Roméo veut se rendre à ce bal, car Rosaline y est invitée, mais un Montague n'est pas le bienvenu à une fête de Capulet ! Il décide donc d'y aller masqué pour ne pas être reconnu, avec son ami Mercutio et son cousin Benvolio. À peine la porte franchie, ces derniers se pressent d'aller danser, laissant Roméo chercher Rosaline dans la foule. Mais son regard est attiré vers une autre belle jeune fille : Juliette. Le cœur battant, il s'approche, lui frôle la main et la magie de l'amour opère. Ils ne se quittent plus des yeux. Oubliant la foule, ils se parlent tendrement et finissent même par s'embrasser. C'est le coup de foudre !

III

Retrouvailles au balcon

La nourrice de Juliette rompt le charme en l'appelant. Roméo réalise alors que son amoureuse n'est autre que la fille de ses rivaux. Juliette apprend également que le garçon qui l'a embrassée a pour nom Roméo Montague. Quelle déception ! Mais leur amour est né et rien ne peut l'effacer… Le soir même, Roméo décide d'escalader le mur du jardin des Capulet pour revoir sa bien-aimée. Il l'aperçoit sur son balcon, parlant aux étoiles : « Ô Roméo, Roméo, pourquoi es-tu Roméo ? Ton nom seul est mon ennemi. » Roméo se montre alors et tous deux s'avouent leur amour. La jeune fille voudrait se marier au plus vite, pour qu'ils ne se quittent plus jamais.

Un combat mortel

Peu après, Roméo retrouve Mercutio et Benvolio. Soudain, Tybalt, le neveu des Capulet, surgit et le provoque. Mais cette fois, Roméo ne veut pas se battre, car il pense que depuis son mariage avec Juliette, il est un peu de la famille de Tybalt. Il reste donc calme, mais le jeune Capulet l'insulte de plus belle. C'en est trop pour Mercutio, qui veut défendre l'honneur de son ami et dégaine son épée. Roméo saisit son bras pour empêcher le combat, mais Tybalt en profite pour donner un coup mortel à Mercutio. Fou de rage, Roméo le venge en tuant à son tour Tybalt. « Fuis Roméo, l'implore Benvolio, le prince va arriver et te condamner ! »

Le chagrin de Juliette

Réfugié chez le Frère Laurence, Roméo apprend que le prince l'a condamné à l'exil. Mais il ne veut pas quitter la ville avant d'avoir vu sa bien-aimée une dernière fois ! Alors, à la nuit tombée, il escalade le balcon pour la rejoindre dans sa chambre. Enlacés jusqu'au petit matin, ils se promettent de se revoir vite. Puis, Roméo s'enfuit avant qu'on ne le découvre et part pour Mantoue, une cité proche de Vérone, tandis que Juliette s'effondre en larmes Ses parents, pensant que son chagrin est causé par la mort de son cousin Tybalt, lui annoncent qu'ils vont la marier à Pâris, ainsi elle oubliera sa peine. Mais Juliette hurle qu'elle ne veut pas, ce qui met son père en colère.

Le plan du Frère Laurence

Désespérée, Juliette se précipite chez le moine. « J'ai un plan, s'exclame-t-il. Dis à tes parents que tu acceptes d'épouser Pâris, pour ne pas éveiller les soupçons. Mais ce soir, à l'abri des regards, tu boiras le contenu de cette fiole. Ton souffle disparaîtra aussitôt et ton cœur ne battra plus. On pensera que tu es morte et on te mettra dans un caveau. Rassure-toi, au bout de quelques heures, l'effet cessera. Quand tu ouvriras les yeux, Roméo sera près de toi, car je lui enverrai un messager pour l'avertir. Vous pourrez ensuite vous enfuir ensemble à Mantoue. » Juliette est un peu angoissée, mais elle prend néanmoins la fiole.

Feindre la mort

De retour chez elle, Juliette demande pardon à son père et promet d'épouser Pâris. Capulet annonce, tout heureux, que le mariage aura lieu le lendemain. Le soir, seule dans sa chambre, Juliette sort la fiole, et mille pensées l'envahissent : « Et si ça ne fonctionnait pas ? Et si je ne me réveillais pas ? » Mais son amour pour Roméo est plus fort que sa peur. Après avoir bu la potion, elle tombe sur son lit, blanche et froide. Le lendemain matin, sa nourrice vient la chercher. « Elle dort encore la paresseuse », pense-t-elle. Mais devant la pâleur de sa maîtresse, elle comprend et se met à crier, alertant la maisonnée. Les parents de Juliette, anéantis, se résignent à organiser les funérailles.

IX

Roméo et le poison

Malheureusement, le plan du Frère Laurence ne se passe pas comme prévu : le messager envoyé pour prévenir Roméo est retardé par une épidémie de peste et ne peut rejoindre Mantoue. Comme la nouvelle de la mort de Juliette se propage très vite, Roméo apprend le drame par un de ses serviteurs, sans se douter de la vérité. Il croit donc que sa bien-aimée a perdu la vie ! Fou de douleur, il sait qu'il ne pourra vivre sans elle... Alors il décide de la rejoindre dans la mort, pour être à jamais à ses côtés. Il achète donc un puissant poison chez un vieil apothicaire, puis se rend au tombeau des Capulet pour l'absorber...

Réunis dans la mort

À la nuit tombée, Roméo pénètre dans le cimetière et ouvre le tombeau. Pâris, qui est venu fleurir la tombe de celle qui aurait dû être sa femme, le reconnaît. Pensant qu'il veut profaner les corps des Capulet, il brandit son épée, mais Roméo se défend et le tue. « C'est un véritable cauchemar... » pense le jeune Montague. Hagard, il s'avance vers l'autel où repose Juliette pour la regarder une dernière fois. Puis il boit le poison et s'effondre. C'est alors que Juliette ouvre les yeux... Son bien-aimé est là ! Mais, ô désespoir, il est mort. Le plan a échoué, à quelques secondes près... Ne pouvant supporter la disparition de son Roméo, elle saisit le poignard qu'il a dans la poche et se tue.

La paix retrouvée

Les gardes, alertés par le bruit, découvrent le drame, puis avertissent le prince et les parents des défunts. Le Frère Laurence leur raconte alors toute la vérité : l'amour de Roméo et Juliette, leur mariage secret, la fausse mort de Juliette, le messager bloqué par la peste… Le père Capulet et le père Montague sont pris de remords. Ils décident d'oublier leur haine, cette haine folle qui a causé le chaos et la mort de leurs enfants. « Ô Montague, mon frère, donne-moi la main », dit Capulet. Les deux hommes se réconcilient et la paix règne désormais entre leurs familles. Quant aux amoureux maudits, ils reposent ensemble pour l'éternité.

Juliette Capulet

Juliette est la fille unique des Capulet, une puissante famille de Vérone qui voue une haine farouche aux Montague, une autre grande famille. Très belle, elle est promise au comte Pâris. Elle est plutôt timide, mais son caractère s'affirme dès qu'elle tombe amoureuse de Roméo Montague. Très vite, elle insiste pour l'épouser en secret.

Lorsqu'il est condamné à l'exil, Juliette est prête à tout pour le retrouver : mentir à ses parents et boire une étrange potion qui la fait passer pour morte. Mais elle préfère se tuer quand elle comprend que son plan a échoué et que l'homme de sa vie est mort.

Roméo Montague

Roméo est le fils des Montague. Romantique et passionné, il aime Rosaline, mais l'oublie dès qu'il aperçoit Juliette Capulet lors d'un bal. Ce coup de foudre lui fait prendre tous les risques : il pénètre la nuit dans le jardin de sa dulcinée, lui déclare son amour sous son balcon et l'épouse en secret. Mais le sort s'acharne contre lui…

Bien qu'il aspire à la paix, il finit par tuer Tybalt, le cousin de Juliette, pour venger la mort de son ami Mercutio. Ce geste cause son exil. Le message qui devait le prévenir du plan de Juliette ne lui parvient pas et, la croyant morte, il s'empoisonne à ses côtés.

Le Frère Laurence

Proche de Roméo, ce moine accepte de marier en secret le jeune couple, car il espère ainsi réconcilier leurs deux familles. Après l'exil de Roméo et face au désespoir de Juliette, il élabore un plan pour les réunir.

La nourrice

Elle, qui élève Juliette depuis sa naissance, recueille ses confidences et assiste à son mariage secret. Toutefois la jeune fille ne lui confiera pas son plan pour rejoindre Roméo et elle croira sa maîtresse morte.

Tybalt

Neveu des Capulet et cousin de Juliette, il a un fort caractère. Il déteste les Montague et leurs proches, si bien qu'il est toujours le premier à les provoquer. Après avoir tué Mercutio, il est tué à son tour par Roméo.

Mercutio

Ce jeune noble est le meilleur ami de Roméo. Il n'est pas querelleur, mais ne supporte pas qu'on s'en prenne à ses proches. Voulant défendre Roméo, il dégaine son épée mais est tué par Tybalt.

William Shakespeare

Né dans une petite ville d'Angleterre, il fait carrière à Londres. Comédien et metteur en scène, il écrit aussi des pièces aux styles très variés : des tragédies, des comédies... Et elles sont si appréciées qu'elles sont jouées à la cour royale ! Il crée également de nombreux mots qui enrichissent la langue anglaise. Sa renommée est aujourd'hui mondiale.

FICHE D'IDENTITÉ

★ NAISSANCE ET MORT
23 avril 1564 - 23 avril 1616

★ NATIONALITÉ
Anglaise

★ GENRE ET MOUVEMENT LITTÉRAIRES
Théâtre élisabéthain

ŒUVRES MAJEURES

★ Roméo et Juliette *(vers 1594)*

★ Hamlet *(vers 1600)*

★ Othello *(1604)*

★ Macbeth *(1606)*

Le jeu des ressemblances

Pour écrire *Roméo et Juliette*, Shakespeare se serait-il inspiré d'un mythe de l'Antiquité grecque ? À toi d'en juger... Pyrame et Thisbé, deux jeunes Babyloniens, s'aiment malgré l'interdiction de leurs parents. Ils se donnent rendez-vous sous un mûrier. Thisbé arrive la première, mais la vue d'une lionne à la gueule ensanglantée la fait fuir. Elle perd son voile que la lionne déchire. Peu après, Pyrame découvre le voile souillé de sang. Pensant que son amoureuse est morte, il se suicide. Quand Thisbé revient vers le mûrier, elle découvre son amant mort et se tue à son tour... S'il existe quelques similitudes entre les deux histoires, celle de Shakespeare est plus complexe. Et tu sais, à l'époque, les droits d'auteur n'existaient pas encore, alors rien de mal à reprendre un mythe ancien !

Une œuvre incontournable

Le théâtre élisabéthain

C'est grâce à la reine Élisabeth Ire que la pièce de Shakespeare a pu devenir si populaire. En effet, elle adorait le théâtre et pensait que tout le monde devrait y avoir accès… Le théâtre public s'est donc développé sous son règne (XVIe-XVIIe siècles). Les représentations s'adressaient à tous, aux riches comme aux pauvres. C'était un lieu de mixité sociale !

La pièce *Roméo et Juliette* a été écrite de façon à plaire à ces spectateurs très divers… Elle aborde des thèmes qui parlent à chacun : la haine, l'amour, la mort. Cette histoire est très célèbre car elle est universelle !

De nombreuses adaptations

Même s'ils n'ont jamais existé, Roméo et Juliette sont vivants dans notre imaginaire car ils ont traversé les siècles ! Ils sont sans cesse adaptés dans des ballets, des films, des comédies musicales, des séries, des BD... Décors, langages, lieux se renouvellent ainsi au fil du temps et s'adaptent aux différentes époques. N'hésite pas à découvrir une des nombreuses versions !

Vérone, ville mythique

Cette petite ville italienne est devenue un lieu mythique pour les amoureux. On y a d'ailleurs reconstitué la maison de Juliette avec son célèbre balcon. Près de 3 millions de touristes la visitent chaque année ! Et certains, venant des quatre coins du monde, envoient même des lettres à Juliette, considérée comme une amie imaginaire, pour lui raconter leur plus belle histoire d'amour.

Trouve les mots qui correspondent aux définitions et fais apparaître le mot secret dans la grille !

1

C'est dans ce lieu sous les étoiles que Roméo rejoint Juliette après le bal.

2

Celles de Roméo et Juliette sont ennemies depuis plusieurs générations.

3

Contenu dans une fiole, c'est ce que Roméo boit pour se donner la mort.

4

C'est là qu'on amène Juliette lorsqu'elle fait semblant d'être morte.

5

C'est par cette cérémonie que le moine Laurence lie Roméo et Juliette.

6

Tybalt utilise cette arme pour menacer Roméo et tuer Mercutio.

7

C'est elle qui s'occupe de Juliette depuis qu'elle est toute petite.

8

C'est la sentence infligée par le prince à Roméo après qu'il a tué Tybalt.

Solution : 1. balcon, 2. familles, 3. poison, 4. tombeau, 5. mariage, 6. épée, 7. nourrice, 8. exil.
Mot secret : amoureux.

Le mot secret

1

2

3

4

5

6

7

8

- Collection -
LITTÉRATURE

- Collection -
PERSONNAGES

Découvrez notre collection sur

www.quellehistoire.com